NOUVEL
ATLAS
HISTORIQUE.

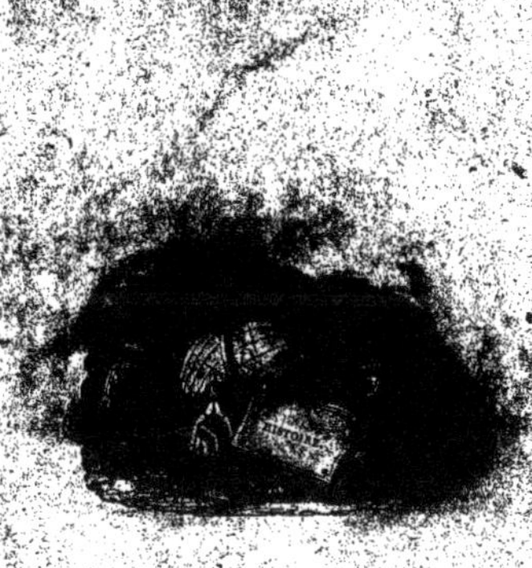

TOULOUSE,
IMPRIMERIE DE J.-B.-C. DAROLLES,
RUE TAMPONIÈRES, N° 10.

—

1839.

NOUVEL

ATLAS HISTORIQUE,

Composé de 8 Tableaux, subdivisés en 100 petits Tableaux encadrés, coloriés ; contenant les grands évènements et personnages célèbres de l'Histoire Ancienne, du Moyen-Age et Moderne,

Par J[n]. CUTXAN,

D'APRÈS LE SYSTÈME DE SA MÉTHODE,

A l'usage de toutes les personnes qui s'occupent d'Histoire, et spécialement destiné aux Élèves et Aspirans au Baccalauréat.

INTRODUCTION.

Un Atlas historique commode et portatif, propre à être mis entre les mains des élèves et de nature à présenter avec clarté les grands faits, et personnages célèbres de l'histoire universelle, doit être d'une utilité généralement sentie.

Celui que nous publions, réunira, nous l'espérons, les conditions désirées. Composé sur un plan nouveau, et d'après un système qui a obtenu des succès authentiques, notre Atlas sera d'un puissant secours à toute personne qui s'occupe d'études historiques. Toutes les époques depuis la *Création* jusqu'à *nos jours*, s'y trouvent représentées : on ne saurait citer un fait, qu'il ne figure sur nos tableaux chronologiques, ou qu'il n'y rencontre ses contemporains. Formé d'abord de grands tableaux, subdivisés ensuite en petits cadres, notre Atlas historique, par les divers aspects qu'il présente à l'œil du lecteur, ne peut manquer de faire sur son esprit des impressions fortes et distinctes, et d'y imprimer des souvenirs nombreux et durables.

Les progrès obtenus dans l'étude de la géographie, sont plutôt dus à l'usage des cartes qu'à l'usage de livres froids et muets. Un succès plus grand est réservé encore à l'étude de l'histoire à l'aide de nos tableaux, qui offrent plus de facilité et de clarté. En effet, les cartes géographiques, plus étendues, plus variées et plus irrégulières dans leur forme particulière, que nos tableaux historiques ; et encore surchargées de plus de noms propres, la plupart très difficiles à la prononciation ; ces cartes peuvent-elles rester tracées dans l'esprit de l'observateur aussi facilement que nos tableaux, tous de forme simple, géométrique, quoique diversifiés et subdivisés, et revêtus de mots la plupart connus ou faciles à prononcer et à retenir ? Une juste comparaison peut faire entrevoir plus de difficultés du côté de la géographie que du côté de l'histoire d'après nos tableaux, dont la représentation, l'idée des formes, s'acquiert après quelques instans de considération.

Quant aux détails de l'une et de l'autre science, ils sont infinis de part et d'autre : quelle variété dans les divers sites de la terre ! quelle diversité parmi les actions des hommes ! l'esprit humain ne saurait les comprendre tous ; une bonne méthode peut seule en faire embrasser un grand nombre.

Qui ne reconnaît en effet les avantages de la méthode ? qui ne sait que c'est l'auxiliaire indispensable et le plus puissant pour avancer rapidement dans la carrière des sciences ! par elle, on multiplie ses forces intellectuelles, comme on multiplie ses forces musculaires par le moyen des machines. Le bras d'un seul homme a pu soulever cet énorme rocher, mais grâce à ce levier qui paraît si frêle.

Et dans quelle étude a-t-on plus de besoin d'une bonne méthode que dans celle de l'histoire ? quelle est celle qui présente autant d'élémens à concilier, à coordonner ? science immense, aux ramifications innombrables, recueil inépuisable de personnages, de faits et de rapports, quel esprit serait assez vaste pour embrasser et classer de ses propres forces, sans le secours de l'art, tant de parties diverses. La méthode seule peut faire obtenir ce résultat.

Notre Atlas historique est un des moyens que nous proposons ; mais il n'est pas la méthode elle-même. Il n'est qu'une représentation. La chose représentée est ailleurs. Le lecteur ne verra dans nos tableaux que des plans partiels d'une ville qui n'a pas encore frappé ses regards.

Néanmoins, notre Atlas conserve toujours sa valeur intrinsèque. Il fournit les véritables matériaux de la science, et les présente disposés d'une manière sensible et dans l'ordre qui leur appartient : ordre de contemporanéité et de succession.

Nous allons entrer dans des explications qui donneront l'intelligence de nos tableaux.

Notre Atlas renferme huit grands tableaux : trois appliqués à l'étude de l'histoire ancienne ; et cinq, à l'étude de l'histoire du moyen-âge et moderne.

Chaque tableau présente une forme particulière :

Le 1er représente		un espèce de V ouvert à l'angle.
Le 2[e]	*id.*	deux plans parallèles.
Le 3[e]	*id.*	un V parfait et un plan vertical à sa droite.
Le 4[e]	*id.*	deux plans qui se rencontreraient s'ils étaient prolongés.
Le 5[e]	*id.*	un espèce d'A ouvert ou un V renversé.
Le 6[e]	*id.*	un N.
Le 7[e]	*id.*	un H.
Le 8[e]	*id.*	un T.

Sur ces diverses figures sont placés les petits tableaux sur lesquels l'histoire générale se trouve répartie de la manière suivante.

EXPLICATIONS GÉNÉRALES

Sur la disposition de l'Histoire répartie sur les petits tableaux,

Deux histoires, l'une l'histoire sainte, l'autre l'histoire de de France, unies entr'elles par une partie de l'histoire de l'église, sont prises pour terme de comparaison ; à ces deux histoires sont rapportées toutes les autres.

Ainsi, c'est une longue chaîne, partant du commencement du monde, de la main d'Adam, et se prolongeant jusque dans la main de Louis-Philippe, aux anneaux de laquelle vont se rattacher les ramifications des histoires correspondantes.

L'Histoire depuis la Création jusqu'à Pharamond (existence supposée) est divisée par siècles, représentés chacun par un petit tableau.

L'Histoire depuis ce prince jusqu'à nos jours, est divisée par les règnes des rois de France, représentés chacun par un tableau.

COMPOSITION PARTICULIÈRE

Des petits tableaux.

Chaque tableau de forme rectangulaire présente trois colonnes, à l'exception de quelques-uns qui en ont plus ou moins.

A la première colonne, se trouvent les faits historiques de l'histoire principale, c'est-à-dire de celle qui est prise pour terme de comparaison.

A la seconde colonne, une chronologie générale, ou les événemens contemporains de chaque règne.

A la troisième, les hommes célèbres, inventions, découvertes, etc. Le tout rangé selon l'ordre chronologique.

Les tableaux qui représentent un siècle sont supposés divisés en trois parties : La première comprenant une durée de 30 ans ; la seconde une durée de 40 ans ; et la troisième, une durée de 30 ans encore.

Ce serait un abus que de chercher à retenir la date précise des faits antérieurs à la fondation de Rome, attendu que les dates sont incertaines.

Les différentes couleurs des Tableaux servent à attirer les faits sous leur siècle ou règne. Remarquez que ces couleurs se succèdent régulièrement : que le premier roi de chaque siècle est rose ; le second du siècle, est vert, etc. S'il y a plus de cinq rois dans ce siècle, la couleur rose reparaît au sixième Tableau, etc. Cependant, on remarquera quelques exceptions à ces règles.

Les faits en caractères distincts et saillans, doivent fixer plus particulièrement l'attention.

En tête de certains Tableaux se trouve une ou plusieurs idées générales qui caractérisent tout un siècle. C'est le résumé moral d'une grande série de faits.

Sur chaque Tableau est marquée une idée principale : sur les Tableaux de l'histoire ancienne, c'est un grand personnage ou un grand fait historique ; sur les Tableaux de l'histoire du moyen-âge et moderne, c'est le roi de France.

Les idées principales sont prises pour des centres, autour desquels sont supposées groupées toutes les autres. Ainsi, autant de centres, autant de groupes d'idées ; et ces idées, énoncées simplement, et étant susceptibles de développemens, deviennent à leur tour centres de nouvelles idées, fournies par les développemens. Donc, tout se trouve lié : les faits exprimés simplement tiennent au fait central par convention, et souvent par la nature des faits : et les idées des développemens tiennent au fait qui les fournit par leur propre nature. Ainsi, on distingue dans ces groupes le centre principal, entouré de centres secondaires, qui, à leur tour, sont entourés d'une multitude d'idées. De même, dans une même famille, les membres qui la composent se trouvent réunis autour de la personne d'un chef commun, et chaque membre en particulier donne lieu à des détails qui composent sa manière de vivre, son histoire.

SYSTÈME DE CHRONOLOGIE

Suivi sur les Tableaux.

Divers systèmes de chronologie sur la durée du monde, depuis la création jusqu'à Jésus-Christ, sont suivis par les historiens : les uns comptent une durée de 3740 ans ; d'autres, 3880, 1950, 4000, 4001, 4040, 1140, 4720, 4963 (cette dernière est adoptée par plusieurs historiens de nos jours), 6000, 6084. Sans chercher à rapporter tous les différens calculs qui sont au nombre de plus de 50, ce qui, comme dit Las-Cases et autres, rend toute concordance dans les dates impossible, nous dirons seulement que les modernes ont adopté la chronogie de 4000 environ. C'est celle que nous avons suivie dans nos Tableaux qui portent 3984, chronologie des Tableaux de Sires, de R. Horquart, d'Arnaut-Robert, sources où nous avons puisé la plupart des matériaux qui couvrent les nôtres, sur lesquels les années sont comptées par siècles avant Jésus-Christ.

Dans les Tableaux de Las-Cases, nous avons pris grand nombre de faits et d'hommes illustres. D'autres autorités non moins recommandables, nous ont encore fourni les faits et personnages historiques de l'histoire du moyen-âge et moderne ; quant à leur chronogie, elle est peu contestée : les ouvrages consultés sont les auteurs précités et les biographes Michaud, Ladvocat, Prud'Homme, Chaudon et Delandine, Feller, Jay et Jouy.

MOYENS D'ÉTUDIER NOS TABLEAUX.

L'ensemble de ces moyens, les uns rationnels, les autres mnémoniques, forment notre méthode proprement dite, développée dans un ouvrage spécial. Ce n'est donc pas ici le lieu de les faire connaître. D'ailleurs, un système large et fécond ne peut être exposé en peu de mots ; il doit former, à lui seul un ouvrage à part.

Néanmoins nous indiquerons quelques exercices praticables sans le secours de notre méthode et qui, quoique manuels, ne laissent pas d'être très instructifs.

Procédés.

1° Considérer à leur place les faits et leur date, d'abord les plus remarquables.

2° Savoir les y retrouver.

3° Savoir les y replacer.

Pour la pratique de ce dernier procédé, il faut écrire sur des cartes ou morceaux de cartes, les objets historiques que l'on veut classer dans sa mémoire ; puis, mêler ces cartes, les tirer séparément et au hasard, et les placer sur le tableau où se trouve le fait ou sa date.

Nous fesons observer qu'il importe de n'écrire sur chaque carte qu'un ou deux, ou trois faits le plus.

4° Entrer dans les développemens de ces faits,

Autres Procédés.

5° Copier nos Tableaux comme l'on copie des cartes géographiques.

6° Tracer d'autres tableaux semblables aux nôtres, et n'y écrire que les faits de l'histoire d'un seul peuple.

7° Figurer les généalogies par le moyen de signes, comme traits ou points et lignes horizontales, verticales ou obliques.

ABRÉVIATIONS

QUE L'ON RENCONTRERA SUR LES TABLEAUX.

Aca. Académicien.	*M. V.* Mort vers.
Act. Acteur.	*Magis.* Magistrat.
Agri. Agriculteur.	*Maré.* Maréchal.
Ami. Amiral.	*Math.* Mathématicien.
Arch. Architecte.	*Méca.* Mécanicien.
As. Astronomie.	*Méde.* Médecin.
Au. Auteur.	*Minis.* Ministre.
Capi. Capitaine.	*Mora.* Moraliste.
Chir. Chirurgien.	*Nat.* Naturaliste.
Ch. Chimiste.	*Ora.* Orateur.
Const. Constitutionnel.	*Ph.* Philosophe.
Conv. Conventionnel	*Phy.* Physicien.
Cri. Critique.	*Pein.* Peintre.
Dépu. Député.	*Poë.* Poëte.
Dic. Dictateur.	*Préc.* Précepteur.
Disc. Disciple.	*Pro.* Prophète.
Emp. Empereur.	*Publ.* Publiciste.
Evêq. Evêque.	*Révol.* Révolutionnaire.
Géné. Général.	*Rh.* Rhéteur.
Géom. Géomètre.	*Roy.* Royaume.
Géo. Géographie.	*Sati.* Satirique.
Hist. Historien.	*Sav.* Savant.
Instit. Instituteur.	*Stat.* Statuaire.
Ins. ora. Institutions oratoires.	*Symph.* Symphoniste.
Juris. Jurisconsulte.	*Tétrarq.* Tétrarque.
L. S. D. Leurs substantifs dérivés.	*V.* Vivait.
Litté. Littérateur.	*V. V.* Vivait vers.
M. Mort.	*Ven.* Vendéen.
	Vict. Victor.

OMISSIONS.

TABLEAUX. — 13e. *Siè. av. J.-C.* temps des servitudes des Israélites dans ce siècle et les 4 suivans.

Id.	7e. *Siè.* *Id.*	Diverses guerres entre plusieurs états.
Id.	6e. *Siè.* *Id.*	Cyrus ou la gloire de la Perse.
Id.	*Sous le règne de Louis XIV*	1695 Lafontaine 74.
Id.	*Louis XVI.*	1776 Colardeau, poë. 44. 1777 Crébillon, poë. 70.
		— Gresset, poë. 68. 1778 J. J. Rousseau, ph. 66.
		— Voltaire, litt. 84. 1780 Condillac, ph. 65.
	1783.	Vaucanson, méc. 74. 1784. Diderot, ph. 71.
	1790.	Franklin, phy. 4. 84.

Je déclare contrefait tout exemplaire non revêtu de ma signature,

I

1.er TABLEAU.

HISTOIRE SAINTE,

AVEC LES ÉVÉNEMENTS SYNCHRONIQUES DE

L'HISTOIRE ANCIENNE.

40.me SIÈCLE AVANT JÉSUS-CHRIST.

I.re ÉPOQUE. — 3984. CRÉATION.

ADAM ET EVE.

SETH, tige des enfants de Dieu. | CAIN, tige des enfants des hommes. | ABEL, tué par Caïn.

[illegible] générations inutiles à nommer.
Hénoch si agréable à Dieu qu'il fut transporté dans le ciel sans subir la mort.
Mathusalem le plus vieux des hommes, [illegible]
Lamech, [illegible] à 777 ans.

Ici 5 générations inutiles à nommer.
Jabel se voue aux troupeaux.
Jubal invente la musique.
Tubalcaïn fond le fer et l'airain.

24.me SIÈCLE AVANT J.-C.

II.me ÉPOQUE. — 2348. DÉLUGE.

NOÉ.

SEM, dont la postérité peuple l'Asie. | CHAM, idem, l'Afrique. | JAPHET, idem, l'Europe.

Arphaxad. Elam, [illegible] Perses. Assur, Assyriens. Lud, Lydiens. Aram, Syriens.

Chus, Babyloniens, Éthiopiens. Mesraïm, Égyptiens, Philistins. Phut, [illegible] etc. Canaan, Cananéens, [illegible] etc.

Gomer, Cimbres, Gaulois, Germains. Magog, Scythes, Tartares, Russes. Javan, Grecs, Ioniens, etc. [illegible], Mèdes, Thraces, etc.

23.me S. AV. J.-C.

[illegible]. Sem.
[illegible]. Héber, son fils.
[illegible]. Phaleg, fils d'Héber.
[illegible]. Sar[illegible]

Les CHINOIS, origine douteuse jusqu'à YAO.

22.me S. AV. J.-C.

2170. *La Tour de Babel*. Dispersion des Enfants de Noé.
2171. Sarug, fils de Reu.
2114. Nachor.
2113. Tharé, père d'Abraham.

Les ÉGYPTIENS.
2125. Le roi MÉNÈS. On prétend qu'il est le même que Mesraïm, fils de Cham.
Les ASSYRIENS.
Le roi, Nemrod, arrière-petit-fils de Noé.

Herse, [illegible], culture des jardins, plantation de la vigne, huile d'olive, art de filer, de [illegible] et de teindre.

Atlas Historique de J. Cayrac, 8 Tableaux.

21.me S. AV. J.-C.

2043. Abraham naît en Chaldée.

2070. *Ægyalée fonde en Grèce le royaume de Sycione.*
2058. *Sémiramis* embellit Babylone.

20.me S. AV. J.-C.

1978. *Mort de Noé.*
III.e Époque.
1962. *Vocation d'Abraham*. Il va en Chananée.
1911. Isaac. Origine de la Circoncision. 1904. Sacrifice d'Abraham. 1901. Isaac épouse Rébecca.

Busiris II fonde en Égypte la fameuse Thèbes aux cent portes, et la ville de Memphis.

Art de fondre, de forger, de tremper les métaux, glaives, lances.

[illegible]

19.me S. AV. J.-C.

1894. Mort de Sem. 1867. Mort d'Abraham. 1843. *Jacob* en *Israël et Esaü*.

1857. *Inachus fonde en Grèce le royaume d'Argos.*

Arcs, flèches, frondes, boucliers, cuirasses, tissus métalliques.

18.me S. AV. J.-C.

1792. Jacob chez Laban en Mésopotamie. 1785. Jacob épouse Lia et Rachel. 1750. *Joseph*, l'un des 12 fils de Jacob, est vendu par ses frères et conduit en Égypte. 1741. Joseph en prison. 1738. Élévation de Joseph. 1731. Les frères de Joseph en Égypte. 1727. Jacob en Égypte avec toute sa famille.

Fondation de Sidon, par les Phéniciens. 1750. Inondation de l'Attique sous le règne d'Ogygès. Thoutmosis chasse les Hyksos de l'Égypte.

Coupe des pierres, argent monnayé, écriture avec des caractères.

17.me S. AV. J.-C.

[illegible]. *Mort de Joseph*. Oppression des Israélites.
[illegible]. *Moïse sauvé des eaux* par la fille de Pharaon.

L'Asie mineure est habitée par des peuples inconnus, d'où sont descendus les Troyens, les Lydiens et les Phrygiens.
Moeris, Osymandias.

Épimétheus invente l'art de faire des vases de terre.
Hespérus invente les règles du jardinage.

16.me S. AV. J.-C.

IV.e Époque.
République d'Israël. GOUVERNEMENT DES JUGES, durant [illegible] siècles.
1531. *Vocation de Moïse*. Les 10 plaies d'Égypte. Origine de la Pâque. Sortie de l'Égypte. Passage de la Mer-Rouge. Dieu donne sa loi à Moïse sur le mont Sinaï.

[illegible], père de Sésostris.
1582. *Fondation d'Athènes*, par Cécrops.
1543. Déluge de Deucalion. Établissement des Amphictyons.
1516. *Fondation de Sparte*, par Lélex; de Thèbes, en Béotie, par Cadmus.

Le verre, par les Tyriens.
L'écriture apportée en Grèce, par Cadmus.

[illegible], IMPRIMERIE DE [illegible], RUE [illegible], 25.

2.me TABLEAU.

HISTOIRE SAINTE,

AVEC LES ÉVÉNEMENTS SYNCHRONIQUES DE L'HISTOIRE ANCIENNE.

15.me S. AV. J.-C.

[illegible] Mort de *Moïse*. *Josué*. [illegible] Prise de Jéricho. Conquête de la terre de Chanaan [illegible] entre les 12 tribus. [illegible] Mort de *Josué*. [illegible] il délivre le peuple de la 1.re servitude sous Chusan, roi de Mésopotamie. [illegible] *Aod*, il délivre de la 2.me servitude sous Eglon, roi des Moabites.

[illegible] *Danaus* [illegible] d'Égypte à Argos. [illegible] Sisyphe bâtit Corinthe. [illegible] fonde le royaume de Lydie. [illegible] *Minos* donne ses lois en Crète.

[illegible] chez les Égyptiens. Bains de Vapeur chez les Scythes. [illegible] d'argent. Auberges.

14.me S. AV. J.-C.

[illegible] *Débora*, prophétesse et Barach, proph. [illegible] de la 3.e servitude, sous Jabin, roi des Chananéens.

Acrisius, roi d'Argos, fait renfermer dans un coffre Danaé et son fils Persée et les fait jeter dans la mer. [illegible] Persée, 1.er roi de Mycènes.

Aristée apprend aux Grecs à faire cailler le lait, à cultiver l'olivier et à faire des ruches à miel.

13.me S. AV. J.-C.

Remarquez trois Calamités particulières dans ce siècle.

[illegible] il délivre de la 4.e servitude par sa victoire sur les Madianites. [illegible] *Abimelech* gouverne. Meurtre de ses 70 frères. [illegible] *Thola* gouverne.

1263. Expédition des Argonautes en Colchide. [illegible] *Thésée* réunit en une seule ville les 12 bourgs d'Athènes. [illegible] Mort d'Hippolyte. [illegible] Mort d'Étéocle et de Polynice.

Les trompettes inventées par les Toscans. Art de [illegible] Jeu de Dés.

12.me S. AV. J.-C.

[illegible] *Jephté*: il délivre de la 5.e servitude par sa victoire sur les Ammonites. [illegible] [illegible] *Samson*: il délivre de la 6.e servitude sous les Philistins. [illegible] Mort du grand prêtre *Héli*, [illegible] et le petit Samuel. L'arche prise par les Philistins [illegible]

1191. Guerre de Troie. [illegible] Fondation de la Chine [illegible] RETOUR DES HÉRACLIDES [illegible]

[illegible]

11.me S. AV. J.-C.

[illegible] GOUVERNEMENT MONARCHIQUE. [illegible]

1091. Règne de Codrus. [illegible] Gouvernement des Archontes à Athènes. [illegible]

[illegible]

10.me S. AV. J.-C.

Schisme des 10 Tribus.

Rois de Juda, [illegible] 1. *Roboam*, [illegible] 2. *Abias*, [illegible] 3. *Asa*, [illegible] 4. *Josaphat*, vertueux 914 — 25.

Rois d'Israel, [illegible] 1. *Jéroboam*, [illegible] 2. *Nadab*, [illegible] 3. *Baasa*, usurpateur, [illegible] 4. [illegible] 5. *Zambri*, [illegible] *Dynastie d'Amri*, [illegible] 6. *Amri* — [illegible] 7. *Achab*, [illegible] Sa Femme *Jézabel* [illegible]

[illegible] Gouvernement [illegible] à Mycènes. *Sésac* pille le temple sous Roboam.

[illegible] Égyptiens. [illegible] Homère et [illegible] Hésiode [illegible]

9.me S. AV. J.-C.

Origine de divers États dans ce siècle et le suivant.

(*Élie*, *Élisée* p.) 5. *Joram* [illegible] 6. *Ochosias*, [illegible] 7. *Athalie*, [illegible] 8. *Joas*, [illegible] (*Michée*, fils de Jemla pr.) 9. [illegible] 10. [illegible] *Osias*, juste et bon [illegible]

8. *Ochosias* — [illegible] 9. *Joram* — [illegible] *Athalie*, reine de Juda. [illegible] *Dynastie de Jéhu*, [illegible] 10. *Jéhu* [illegible] 11. *Joachas* [illegible] 12. *Joas*, pille le temple de Jérusalem [illegible] 13. *Jéroboam II*, idolâtre comme son père, [illegible]

Lycurgue donne ses lois à Sparte. [illegible] *Didon*, fonde Carthage. 820. Sardanapale, assiégé dans Ninive, se brûle dans son palais. *Mèdes*, *Babyloniens* et *Ninivites*. [illegible]

8.me S. AV. J.-C.

[illegible]

7.me S. AV. J.-C.

[illegible]

6.me S. AV. J.-C.

[illegible]

3.me TABLEAU.

HISTOIRE SAINTE,

AVEC LES ÉVÉNEMENTS SYNCHRONIQUES DE L'HISTOIRE ANCIENNE.

5.me S. AV. J.-C.

Grande Lutte entre la Grèce et la Perse. — Gloire de la Grèce. — Rivalité de Sparte et d'Athènes.

485. Joachim.
(468. Esdras, proph.)
445. Eliasib. 455. *Néhémie rebâtit Jérusalem.*
(Malachie dernier pr.)
413. Joïada II.
[illegible]

500. *Guerre persique qui dura 51 ans.*
494. Retraite du peuple sur le mont sacré.
490. Combat de Marathon. Coriolan assiége Rome.
480. Batailles des Thermopyles, d'Artémisium, de Salamine, de Platée et de Mycale. Dévouement de la famille des Fabius.
465. 1.re Guerre Messénienne. Triomphe de Cincinnatus.
449. Gouvernement de Périclès.
Expulsion des Décemvirs.
432. *Guerre du Péloponèse.*
405. Victoire de *Lysandre à Ægos-Potamos.*
401. Retraite des dix mille.

500. Simonide.
490. Pythagore, ph., chef de l'école Italique.
478. Confucius, ph.
470. Anacréon, poë. m. 85.
456. Eschyle, poë. m. 69.
448. Anaxagore, ph. m. 62.
437. L'anatomie et la médecine dogmatique, par Hippocrate.
436. Ésope, poë.
Pindare, poë. m. 86.
413. Hérodote, hist. m. 71.
407. Euripide, poë. m. 78.
404. Alcibiade.

4.me S. AV. J.-C.

Alexandre envahit la Grèce et l'Asie. — Rivalité de Sparte et de Thèbes.

335. [illegible]
343. [illegible]
334. Alexandre le Grand prend Jérusalem.
324. Onias I.er
307. Ptolémée, roi d'Égypte, prend Jérusalem et pille le Temple.
305. Simon.

390. Siége de Veies, par Camille.
394. Victoire de Coronée, par *Agésilas-le-Grand.*
390. Siége de Rome, par les Gaulois.
387. *Traité d'Antalcidas.*
375. *Guerre de Sparte et de Thèbes.*
371. Bataille de Leuctres.
367. Bataille sans larmes.
363. Bataille de Mantinée et mort d'*Épaminondas.*
362. Dévouement de Curtius.
355. Guerre sacrée.
344. Timoléon à Syracuse, et Denis à Corinthe.
344. Guerre samnite, dure 51 ans.
338. Bataille de Chéronée.
Philippe soumet la Grèce.
336. Avènement d'Alexandre.
334. Bataille du Granique.
333. Bataille d'Issus. Bat. d'Arbelles. Fin de la monarchie des Perses, assujettie par Alexandre, qui soumet encore l'Égypte.
323. Mort d'Alexandre.
301. *Bataille d'Ipsus.*
Partage de l'emp. d'Alex. entre ses généraux.

400. Socrate, [illegible] m. 71.
401. Thucydide, hist. m. 80.
Lysias, ora. m. 80.
394. Praxitèles, sculp.
384. Hippocrate, méd. 99.
399. Xénophon, hist. m. 90.
380. Isocrate, [illegible]
Antisthènes, disc. de Socrate, chef des Cyniques.
360. Platon, disc. de Socrate, chef des académiciens, m. 81.
350. Diogène, ph. disc. d'Antisthène. [illegible]
322. Démosthènes, ora. 60.
300. Colosse de Rhodes. — [illegible]

3.me S. AV. J.-C.

Rome maîtresse de l'Italie, porte ses armes à l'extérieur.

291. Éléazar.
280. Version des Septante, par ordre de Ptolémée-Philadelphe.
270. Manassès.
233. Onias II.
250. Ptolémée-Philopator entre en Judée.
221. Simon II.

290. Prise d'Athènes, par Démétrius-Poliorcète.
295. Dévouement de Decius.
280. *Ligue Achéenne. Aratus. — Agis. — Cléomène — Philopémen.*
283. Rome soumet l'Étrurie.
281. Guerre Tarentine.
266. Rome soumet la basse Italie.
264. *Première Guerre punique*, dure 24 ans. — Duilius. — Régulus.
219. *Deuxième Guerre punique*, dure 17 ans. — Marcellus. — Les Scipions.
217. *Annibal en Italie.*
214. 1.re Guerre de Macédoine.

270. Théophraste, disc. d'Aristote, m. [illegible]
Épicure, chef de la secte, m. 72.
Euclide, math.
260. Zénon, chef des Stoïques.
[illegible] Pyrrhus, chef des Sceptiques.
[illegible]
[illegible]
208. [illegible]

2.me S. AV. J.-C.

Rome envahit la Grèce, la Macédoine, Carthage, etc.

[illegible] Onias III. [illegible] d'Héliodore. [illegible]
[illegible] Jason, Ménélas et Lysimaque, [illegible]
Matathias.
Antiochus Épiphane s'empare de Jérusalem [illegible]
Martyre d'Éléazar [illegible]
167. Judas Machabée, affranchit la Judée.
[illegible]

197. Philippe V défait à la bataille de Cynocéphales, par Flaminius [illegible]
[illegible]
[illegible]
[illegible] Persée vaincu [illegible]
[illegible] 3.e Guerre punique. — [illegible]
Destruction de Corinthe.
[illegible] Guerre numantine.
[illegible] Troubles excités par les Gracques. [illegible]

[illegible] Plaute, poë. m. [illegible]
[illegible] Térence, poë. [illegible]
[illegible]

1.er S. AV. J.-C.

Rome achève de se rendre maîtresse du monde, et se trouble elle-même.

70. Hircan II en Guerre avec son frère, Aristobule II.
La Judée envahie par les Romains.
Pompée entre le Temple.
40. Antigone 2.e fils d'Aristobule II, mis à mort par ordre d'Antoine.
37. Hérode, iduméen élu roi par les Romains, et [illegible]
VII.e Époque.
1. NAISSANCE DE J.-C.

89. Guerre aux Germains.
88. Guerre entre Mythridate.
Guerre entre Marius et Sylla.
84. Athènes prise et pillée par Sylla.
76. Révolte de Sertorius.
73. Guerre des esclaves, Spartacus.
68. Conquête de la Syrie.
63. Pont, soumis par Pompée. — Conjuration de Catilina.
60. *Premier Triumvirat.*
58. Conquête de la Gaule, par Jules César. — Rivalité de César et de Pompée.
43. 2.e *Triumvirat.*
44. Mort de César. 31. *Bataille navale d'Actium.* 30. Égypte, province romaine.
30. Octave, empereur.

55. Lucrèce, poë. m. 45.
50. Hortensius, l'ami et l'émule de Cicéron, m. 63. 44. César, hist. m. 56. 43. Cicéron, orat. m. 63. 40. Catulle, poë. m. [illegible] 46. Caton d'Utique, ph. m. 53. 35. Salluste, hist. m. 51. 24. Cor. Népos, hist. m. [illegible] 19. Virgile, poë. m. 51. Tibulle, poë. m. [illegible] 17. Tite-Live, hist. m. [illegible] 20. Ovide, poët. m. 59.
63. Tachygraphie, par Cicéron. [illegible] Lois des Rom. [illegible] 45. Réforme du calendrier, par Sosigène.

1.er S. AP. J.-C.

D'une tyrannie atroce.

Hérode II.
26. Pilate, procurateur en Judée, pour les Romains.
33. Mort de Jésus-Christ.
Chrétiens.
44. *Saint-Pierre, que J.-C. choisit pour être le chef de son Église, s'établit à Rome.*
54. *Première persécution sous Néron.*
Mort de S.t Pierre et de S.t Paul.
95. *Deuxième persécution, commandée par Domitien.*
S. Jean sauvé par un miracle.

Faux Juifs : ils ne reconnaissent pas J.-C. pour être le Messie.
9. Défaite des légions romaines en Germanie. Germanicus, général. 13. Les Romains établissent des Académies à Autun, à Lyon, à Toulouse, etc.
14. Tibère. 37. Caligula.
41. Claude. 54. Néron. 68. Galba, Othon, Vitellius.
69. *Vespasien.* 70. Siége et prise de Jérusalem. Le Temple est détruit par *Titus.* 11,000 Juifs périssent et 95,000 sont vendus esclaves.
79. Engloutissement d'Herculanum, de Stabie et de Pompéia.
81. Domitien. 96. *Nerva.* 98. *Trajan.*

Denis d'Halicarnasse fl. vers ce temps.
16. [illegible] introduite par Tibère.
60. Découverte de l'aimant.
65. Sénèque, [illegible] 65. Lucain, m. [illegible] 73. Columelle, [illegible] 79. Pline l'anc. m. [illegible] 95. Quinte-Curce, hist. m. [illegible]

2.me S. AP. J.-C.

D'une félicité sans exemple.

98. *Troisième persécution commandée par Trajan.*
S.t Ignace, pape. Martyrs : S.t Siméon, S. Ignace.
166. *Quatrième persécution commandée par Marc-Aurèle.* Anicet, pape.
Martyrs : Polycarpe, Pothin, Blandine, jeune esclave.
193. *Cinquième persécution commandée par l'emp. Septime Sévère.* S.t Victor, pape. Martyrs : Léonide, S.t Irénée.

103. Dacie. Province romaine.
106. Guerre des Parthes.
117. Adrien, emp.
138. *Antonin le Pieux.*
161. *Marc-Aurèle.*

150. Système astronomique de Ptolémée.

3.me S. AP. J.-C.

D'une anarchie militaire.

235. *Sixième persé. comm. par Maximin.*
250. *Septième persé. comm. par Décius.*
Martyr : le pape Fabien.
258. *Huitième persé. comm. par Valérien.*
Martyr : le pape S.t Étienne, etc.
275. *Neuvième persé. comm. par Aurélien.*
Martyr : S.t Denis, etc.

240. Les Francs s'établissent sur le Rhin, et pénètrent dans les Gaules.
273. Défaite de Zénobie, reine de Palmyre.

Plantation de la vigne en Europe, par Probus.

4.me S. AP. J.-C.

Division de l'empire Romain.

303. *Dixième persécution commandée par Dioclétien et Maximien.*
Martyrs : S.t Quentin, S.t Victor, S.t Vincent, etc.
314. S.t Eusèbe, pape.
324. *Le sénat romain érige une statue d'or à J.-C.*
325. 1.er Concile général de Nicée, contre les Ariens.
381. Concile général de Constantinople.

330. Constantin fixe le siége de l'empire à Constantinople.
363. L'empereur Julien l'Apostat permet aux Juifs de rebâtir le Temple ; mais un tremblement de terre renverse l'ouvrage à peine commencé.
364. 1.er Partage de l'empire entre Valens et Valentinien.
395. 2.e Partage par Théodose-le-Grand, entre ses deux fils Honorius et Arcadius ; le 1.er règne en orient, le 2.e en occident.
Fin de l'Histoire Ancienne.

308. Stilicon, général vandale.
364. Aurelius-Victor, hist.
373. S.t Athanase.
379. S.t Basile.
395. [illegible]
308. Invention des [illegible], par Hypathie.

TOULOUSE, IMPRIMERIE DE [illegible], 13.

4ME TABLEAU.

Première race des Rois de France avec les événemens synchroniques de l'Histoire du Moyen-Age, durant cette période.

10. Clotaire II (Cruel), roi 584, régné 45. *Supplice de Brunehaut.* 625. Révolte de Bertoald.	586. Léovigilde, fondateur des Espagnols. 602. Les Avares fondent un empire en Pannonie, aujourd'hui la Hongrie. 610. Héraclius emp. d'Orient. Défaite de Cosroès roi de Perse. 622. Fuite de Mahomet de la Mecque.	595. Grégoire de Tours dit le Père de l'Histoire de France. 607. St-Augustin d'Angleterre.
9. Chilpéric-le-Néron, roi 568, régné 16. *Frédégonde*, ses cruautés, ses guerres contre Brunehaut.	568. Les Lombards venus des bords de l'Elbe, s'établissent en Italie, sous la conduite d'Alboin, qui fut assassiné par sa femme Rosemonde; commencement de l'exarchat de Ravenne.	
8. Caribert (bon roi), roi 561, régné 6. Seconde division du royaume entre les 4 fils de Clotaire Ier, Caribert, Gontran, Chilpéric et Sigebert.		
7. Clotaire Ier (scélérat), roi 558 régné 4. Ses cruautés envers sa famille.		M. V. 560, Procope de Césarée, hist., secrétaire de Bélisaire.

6ME SIÈCLE.

CHAOS POLITIQUE.—*Les Barbares ayant tout renversé devant eux s'agitent en tout sens avant de s'établir.—Meurtres, assassinats dans les familles royales.*

6. Childebert Ier (complice du meurtre de ses neveux), roi 511, régné 47. 1re division du royaume entre les 4 fils de Clovis : Childebert, Clotaire, Clodomir et Thierry. 532. *Massacre des enfans de Clodomir.* 534. Conquête du roy. de Bourgogne. 538. Victoire de Théodebert, fils de Thierry.	534. Conquête de Bélisaire. 553. Empire des Ostrogoths détruit par Narsès, général de Justinien.	512. Sainte Geneviève, patronne de Paris. 526. Boëce ph. m. 50.
5. Clovis Ier (le Grand), roi 481, régné 30. 486. Bataille de *Soissons*. 496. Bataille de *Tolbiac*. Conversion du roi. 507. Bataille de *Vouillé* contre Alaric roi des Wisigoths. Revers près d'Arles. Honneurs conférés à Clovis. Ses cruautés.	Les Hérules vaincus par les Ostrogoths. 491. Anastase emp.	493. Odoacre, roi des Hérules. Vers ... Fondation de l'église de Saint-Germain-des-Prés.
4. Childéric Ier (Débauché), roi 458, régné 23. Chassé du trône, il recouvre sa couronne.	474. Léon II, emp. 474. Zénon, emp. 476. Chute de l'empire Romain, sous Romulus Augustule, et roy. des Hérules en Italie, sous Odoacre.	461. St. Léon. 463. St. Prosper. 468. St. Hilaire.
3. Mérovée (Valeureux), roi 448, régné 10 ans. Guerre contre *Attila*, roi des Huns. Il porte ses conquêtes jusqu'à la Seine.	449. Les Angles et les Saxons en Bretagne. Commencement de l'heptarchie. 450. Marcien, emp.; Pulchérie sa femme. 451. Concile général de Chalcédoine. 452. Fondation de Venise. Léon Ier emp.	450. Théodose II emp.
2. Clodion le Chevelu, roi 428, régné 20 ans. Bataille avec *Aëtius*, général romain. Succès variés. Il porte ses conquêtes jusqu'à la Somme.	431. Concile général d'Éphèse.	430. St. Augustin m. 76. St. Cyrille évêque d'Alexandrie.

5ME SIÈCLE

Invasion des Barbares. — Dissolution de l'empire d'Occident. — Les Francs luttent contre les Romains et contre les Barbares pour s'emparer de la Gaule.

1. Pharamond (existence douteuse), roi en 420, régna 8 ans. Domination des Francs dans la Gaule. La puissance des Romains s'y affaiblit. On lui attribue la loi salique qui exclut les femmes du trône.	427. Les Vandales en Afrique.	420. St. Jérôme. 423. Prudence po. reli. m. 73. Sulpice-Sévère dit le Salluste Chrétien, m. 30. Balance hydrostatique.

7ME SIÈCLE.

Gloire et lustre des Sarrasins. — Maires du Palais.

11. Dagobert Ier (Remarquable), roi 628, régné 10. Il réprime la tyrannie des Seigneurs. St. Éloi son minis. Élévation des maires du palais. Pepin de *Landen* 1er maire. Éclat de ce règne.	630. Aboubékre, premier calife, publie le Koran.	636. St. Isidore de Séville, m. 60. Fondation de l'abbaye de St.-Denis.
12. Clovis II (Charitable), roi 638, régné 17. Puissance des maires du palais. *Grimoald*, maire.	Prise de Rhodes par les Sarrasins. 640. Conquête de la Syrie et de l'Égypte par Omar; ce calife brûle la bibliothèque d'Alexandrie. 652. Fin du second empire des Perses.	
13. Clotaire III (Subordonné), roi 655, régné 15. Régence de Bathilde. *Ebroïn* et *St.-Léger* maires.		
14. Childéric II (Despote), roi 670, régné 3. Réunion de la Neustrie et de l'Austrasie. *St.-Léger*, maire, relégué dans la même prison qu'Ebroïn.		
15. Thierry Ier (Faible), roi 673, régné 18. *St. Léger victime d'Ebroïn. Ce dernier est assassiné à son tour.*	673. St. Éloi, orfèvre et minis. de Dagobert.	
16. Clovis III (Jeune), roi 691, régné 4. *Pepin d'Héristal*, maire du palais.		
17. Childebert II. Le Juste, roi 695, régné 16. Avilissement de la race Mérovingienne. *Pepin* relègue le roi en Neustrie, en lui donnant pour maire *son fils Grimoald*, et régit lui-même l'Austrasie, sous le titre de duc.		

8ME SIÈCLE.

Toute puissance des Maires du Palais.

18. Dagobert II (incapable de gouverner), roi 711, régné 4.	711. *Les Maures en Espagne, bataille de Xérès.* Le comte Julien avait attiré les Maures pour se venger contre Rodéric dernier roi des Wisigoths, qui avait outragé sa fille Florinde-la-méchante. Les Maures affaiblis par leurs dissensions, sont dépossédés par les Chrétiens qui élèvent à leurs dépens les roy. de Castille, d'Aragon, de Portugal, etc. et sont soumis en 1492.	
19. Chilpéric II (Détrôné), roi 715, régné 6. Charles se lutte avec *Rainfroy* et Chilpéric. Ils sont vaincus. Ce dernier est replacé sur le trône par *Charles-Martel*, arbitre souverain du Royaume.	718. Pélage fonde le royaume des Asturies.	
20. Thierry II (Enfant), roi 721, régné 16. Invasion des Sarrasins. 732. *Bataille de Poitiers, mort d'Abdérame.* Interrègne 5 ans.	730. Emploi de l'ère dyonisienne ou ère vulgaire. 726. Guerre concernant les images (iconoclastes).	Institution des fiefs par Charles-Martel.
21. Childéric III, Fainéant, roi 742, régné 10. Sa déposition d'après la décision du pape *Zacharie*.	750. Les califes Ommiades sont dépouillés par les Abassides.	

5me TABLEAU.

Seconde race des Rois de France avec les événemens synchroniques de l'Histoire du Moyen-Age, durant cette période.

27. Louis III et Carloman, (intimes) rois 879, 3 ans. Expédition contre Boson. Retraite de Saucour contre les Normands. Loterègne 1 an.	879. Fondé, du royaume de Bourgogne Cisjurane par Boson, et roy. de Bourg. transjurane, par Rodolphe.	882. Marmar. sav.

26. Louis II, le Bègue, roi 877, régné 2. Attaqué par ses vassaux révoltés en faveur de Louis-le-Germanique, il leur céda la Lorraine et d'autres priviléges.		

3. Charles-le-Gros, roi 885, régné 3. Siége de Paris par les Normands. Défense de Eudes, comte de Paris. Incendie de Pontoise et Charles achète la paix. Sa déposition.		

25. Charles II, le Chauve, roi 840, régné 37. 841. Bataille de Fontenay, 844. Courronn. de Mersen. Origine de la féodalité ou les fiefs rendus héréditaires. 843. Invasion des Normands. 855. Mort de Lothaire. Charles-le-Chauve, emp.	840. Pologne : fondateur, Piast. 856. Royaume de Navarre, fondateur, Don Garcie. 862. Empire Russe, fondateur, Rurik. Les Turcs venus du centre de l'Asie, d'abord à la solde des Califes, les renversent et leur succèdent sous diverses dynasties : Gaznévides, Seljoucides, Ottomans. 871. Règne d'Alfred-le-Grand.	840. Eginhard, hist. Secrétaire de Charlemagne. 875. Usuard, hist. Adon, décl.

29. Eudes (Usurpateur), roi 888, régné 10. Défaite des Normands.	Le royaume d'Italie est en proie à l'anarchie et à la confusion, disputé par Guy de Spolète et Berenger de Frioul et conquis par les Allemands, en 962, sous Othon Ier.	896. Formose, lis.

30. Charles III, le Simple, roi 898, régné 23. Invasion des Normands sous Rollon. Élection de Robert ; sa mort.	903. Harald Ier, premier roi de Norwége. 908. Dynastie des fatimites. 911. Empire d'Allemagne, 1er roi, Conrad, de la maison de Franconie ; il succède à Louis III l'enfant, dernier emp. de la maison de Charlemagne. 914. Famille de Saxe ; Henri-l'Oiseleur. Cette famille, souveraine maîtresse de l'Allemagne, conquiert l'Italie. 930. Les deux Bourgognes unies et léguées à l'emp. d'Allem. en 1016.	901. Alfred-le-Grand, roi, ph. m. 53. 972. Robert fils de Robert-le-Fort.

9me SIÈCLE.

Démembrement de l'empire de Charlemagne. — Formation du régime Féodal. — Invasion des Normands.

24. Louis Ier, le Débonnaire, roi 814, régné 26. 818. *Première division de l'empire.* Révolte et supplice de Bernard, roi des Lombards. 830. *2e partage*, révolte des princes. 831. Rétablissement de leur père. 833. Seconde révolte, le champ du mensonge, Louis déposé. Il reprend l'autorité. 3e partage.	Al-Mamoun, calife. Gloire des sciences et des arts chez les Sarrasins. 827. Fin de l'heptarchie ; fondation du royaume d'Angleterre par Egbert-le-Grand, qui se constitue roi de toute l'Angleterre. C'est le 1er roi de la famille Saxonne ; elle donne 16 rois. Edouard-le-confesseur, est le dernier.	818 Théophane, hist.

SUÈDE, DANEMARCK, NORWÈGE connus.

L'origine de ces États se perd dans la nuit des temps.

23. Charlemagne (grand génie), roi 768, régné 46. Révolte du duc d'Aquitaine, réprimée. 771, mort de Carloman. Charlemagne seul roi. 774. *Il va au secours d'Adrien I, contre Didier, roi des Lombards, et est couronné roi des Lombards.* 778. Bataille de Roncevaux, mort de Rolland. *Destruction des Saxons. Witikind. Charlemagne vole au secours de Léon III, attaqué par ses sujets.* 800. Il est couronné empereur d'Occident.	780. L'impératrice Irène. 786. Règne du calife Haroun-al-Raschild. 807. Premières courses des Normands. 809. *Fondation de la république de Venise.* 809, *Danois*, 1er roi. Olaus III. 813. *Suédois*, fondateur, Biorno.	800. Sutre chez les Arabes. 805. Alcuin, théologien anglais, inspecteur des écoles de Charlemagne.

22. Pépin-le-Bref, roi, 752, régné 16. Pépin va au secours d'Étienne III, contre Astolphe, roi des Lombards. Barre de Pépin. 757, son expédition contre Didier. 760. Guerre contre les Bavarois et les Esclavons. Victoire sur le duc d'Aquitaine, révolté. Trait de courage de Pépin.	Puissance temporelle des papes.	Chimie chez les Arabes.

10me SIÈCLE

31. Raoul (Usurpateur), roi 923, régné 13. Hugues-le-Grand cède la couronne à Raoul, son beau frère.	935. *Les Danois* ; fondateur, Harald V.	935. Rhazès, médec. 936. Rollon, duc de Normandie.

32. Louis IV, d'Outre-mer, roi 936, régné 18. Ministère de Hugues-le-Grand.	950. Alfarabi, premier philosophe arabe.	936. Invention de l'imprimerie, supposée chez les Chinois.

33. Lothaire (Actif), roi 954, régné 32. 978. Guerre contre l'emp. Othon II.	962. Conquête de l'Italie, par Othon Ier, le Grand.	956. Hugues-le-Grand, fils de Robert.

34. Louis V, le Fainéant, roi 986, régné 1 ans.		

6ME TABLEAU.

Troisième race des Rois de France avec les événemens synchroniques de l'Histoire du Moyen-Age et Moderne, durant cette période.

Suite du 10ME SIÈCLE.

Siècle d'ignorance et de superstition.

BRANCHE CAPÉTIENNE. — 15 ROIS.

35. HUGUES-CAPET, roi, 987, régna 9 ans. Guerre contre le Duc de Lorraine, prétendant de la couronne. [illegible]	992. Boleslas, roi de Pologne.	987. Wladimir, grand duc de Russie. 996. Hugues-le-Blanc, m. à 52.
36. ROBERT (le Pieux), roi, 996, régna 35 ans. Excommunié, il répudie Berthe pour épouser Constance. Il meurt sur [illegible]. Famine en France.	997. Fondation du royaume de Hongrie, par Étienne Ier. Dynastie des Gaznévides dans l'Inde. 1014. Henry II, le Saint, succède à Othon III. 1017. *Famille Danoise*, régne par conquête et donne quatre rois. Canut-le-Grand, roi d'Angleterre, de Danemark et de la Norwège. 1024. *Famille de Franconie*, sous laquelle commence la fameuse querelle entre les Papes et les Empereurs. Elle dure trois siècles. Elle produisit divers états en Italie, et l'indépendance des princes en Allemagne. Conrad II, premier empereur.	Guy Aretin, inventeur des notes de musique, m. 33.

11ME SIÈCLE.

La féodalité établie partout. — La chevalerie s'élève et fleurit, elle ranime la justice et les vertus expirantes.

37. HENRI Ier (Laval), roi, 1031, régna 29 ans. Sa mère Constance excite une guerre civile contre lui en faveur de Robert son autre fils. 1037. Guerre contre plusieurs vassaux. Trêve de Dieu.	1035. Partage des états de Sanche-le-Grand. 1037. Les Gaznévides renversés par les Seljoucides. Cette dynastie étend ses conquêtes du Nil au Bosphore, et lutte contre les Croisés. 1053. Schisme de l'Église grecque. 1056. Henry IV, emp. d'Allemagne.	1037. Avicenne, phi. m. 57.
38. PHILIPPE Ier (excommunié), roi, 1060, régna 48. Il répudie Berthe pour épouser Bertrade. Il est excommunié. Régence de Baudouin. 1066. *Conquête de l'Angleterre par Guillaume, duc de Normandie.* 1095. Première croisade sous le Pape Urbain II.	1066. *Les Normands en Angleterre.* *Bataille de Hastings.* Cette *famille normande* règne par conquête et donne trois rois. 1073. Pontificat de Grégoire VII. 1075. Guerre des Investitures. La comtesse Mathilde. 1081. Règne d'Alexis Comnène. 1086. Les Almoravides envahissent l'Espagne.	1087. Guillaume le Conquérant. 1088. Bérenger, Hérésiarque. Horloges à rouages. Usages des armoiries.

12ME SIÈCLE.

Les Croisades : *Elles appauvrissent et dépeuplent l'Europe, mais elles brisent les fers du despotisme. — Commencement des guerres d'Angleterre.*

39. LOUIS VI, le Gros, roi 1108, régna 29. 1113. 1re guerre entre la France et l'Angleterre. Louis lutte contre les grands vassaux. *Affranchissement des communes.*	1128. Les Napolitains et les Siciliens, premier roi, Roger II.	Usage des tournois en France.
40. LOUIS VII, le Jeune, roi 1137, régna 43. Guerre contre Thibaud. Vitry incendié. 1147. 2e CROISADE. *Gouvernement de Suger.* Divorce du roi.	1137. *Famille de Souabe.* Conrad III, vainqueur de Henri-le-Superbe. Les GUELFES et les GIBELINS. Sous cette famille s'accomplit la séparation de l'Italie et l'annihilation de l'autorité impériale en Allemagne. 1139. Fondation du royaume de Portugal. — Alphonse Henriquez. 1154. *Famille d'Anjou* ou de Plantagenet, règne par héritage et donne 14 rois. Henri II. Révolte de Richard Cœur-de-Lion, fils de Henri II. 1152. Ligue de Vahlmaar.	1152. St.-Guillaume de Tyr. Abeilard, ph., m. 63. 1156. P. le vénérable [illegible]. 1150. Fondation de l'école de Montpellier.
41. PHILIPPE II, Auguste, roi 1180, régna 43. 3e CROISADE, Richard Cœur-de-Lion. Jean-Sans-Terre. Meurtre d'Arthur. Réunion de la Normandie à la couronne. 1204. 4e CROISADE. 1212. Guerre contre les *Albigeois.* Simon de Montfort. 1214. Ligue contre le roi. Bataille de *Bouvines.*	1187. Saladin prend Jérusalem. 1191. Henri VI et Constance. Le vieux de la Montagne. 1212. Victoire de Sanche VII, roi de Navarre, à Tolosa, sur l'Almohade, Mahomet-el-Nasir. 1215. *Grande charte signée par Jean-Sans-Terre.* Conquêtes de *Gengis-Kan.* La Bohême érigée en royaume par Ottocar Ier en 1199.	1190. Adhémar, hist. 1193. Saladin, sultan d'Égypte. 1198. Averroës, phi. Fondation de la Sorbonne. 1200. Origine des universités. 1204. Échecs.

13ME SIÈCLE.

Croisades continuées. — Abaissement des grands vassaux et élévation du souverain.

42. LOUIS VIII, le Lion, roi 1223, régna 3. 2e guerre contre les *Albigeois.*		
43. LOUIS IX, le Saint, roi 1226, régna 44. Régence de Blanche de Castille. 1242. Guerre de Bretagne. Batailles de *Taillebourg* et de *Saintes.* 1248. 5e Croisade. 1254. Conquête du royaume des Deux-Siciles. 1270. Croisade de Tunis.	1246. Ligue Anséatique. 1245. Concile de Lyon, sous Innocent IV, pour l'expédition de la Terre-Sainte. 1250. Les Mameloucks en Égypte. 1252. Règne d'Alphonse, roi de Castille et de Léon. 1259. Les Torriani et les Visconti, à Milan. 1261. Nouvel empire Grec.	1231. Abdallatif, médecin.
44. PHILIPPE III, le Hardi, roi 1270, régna 15. 1282. *Vêpres Siciliennes.* Guerre d'Espagne.	1260. Les Mogols à la Chine. 1273. *Maison de Hapsbourg.* Rodolphe. 1283. Conquête du pays de Galles, par Édouard Ier.	1270. Institution des notaires en France. Lunettes.
45. PHILIPPE IV, le Bel, 1285, régna 29. 1292. Guerre avec Édouard Ier. Démêlés du roi avec Boniface VIII. États généraux. 1304. Guerre de Flandre. *Clément V, à Avignon.* 1313. Destruction de l'ordre des Templiers.	1299. Dynastie des Ottomans, fondateur Othman. La Navarre unie à la France. [illegible] de Wallace. Robert Bruce, [illegible]. 1307. [illegible] en Angleterre [illegible] d'Édouard II. 1308. *Révolte de Guillaume Tell et de la Suisse, contre la tyrannie des Empereurs.* *Famille de Luxembourg*, sous laquelle s'accroît la puissance [illegible] et l'imprimerie. 1311. Concile général de Vienne.	1295. Roger Bacon, célèbre [illegible], m. à 80. 1300. Chandelles. 1300. Boussole, papier de linge. 1313. Arnaud de Villeneuve, méd.

14ME SIÈCLE.

Affaiblissement de la puissance féodale. — Inventions à jamais mémorables : Boussole, poudre à canon. — Guerres d'Angleterre.

46. LOUIS X, le Hutin, roi 1314, régna 2. Exécution d'Enguerrand de Marigny, surintendant des finances. Les Serfs sont forcés d'acheter leur liberté. Interrègne 5 mois.	
47. Jean Posthume ne vit que 8 jours.	
48. PHILIPPE V, le Long, roi 1316, régna 6. Violences des Pastoureaux réprimées. Arrêt de mort contre les Juifs et les Lépreux accusés d'avoir empoisonné les puits et les fontaines.	1317. Joinville, hist. mort 90. 1321. Le Dante, poë. m. 60.
49. CHARLES IV, le Bel, roi 1322, régna 6 ans. 1324. Guerre avec l'Angleterre au sujet de la Guienne. En lui finit la branche des Capétiens.	1327. Mort d'Édouard II, et de Spencer son ministre.

7.me TABLEAU.

SUITE DU 14.me SIÈCLE.

PREMIÈRE BRANCHE DE VALOIS, 7 ROIS.

Rivalité entre la France et l'Angleterre.

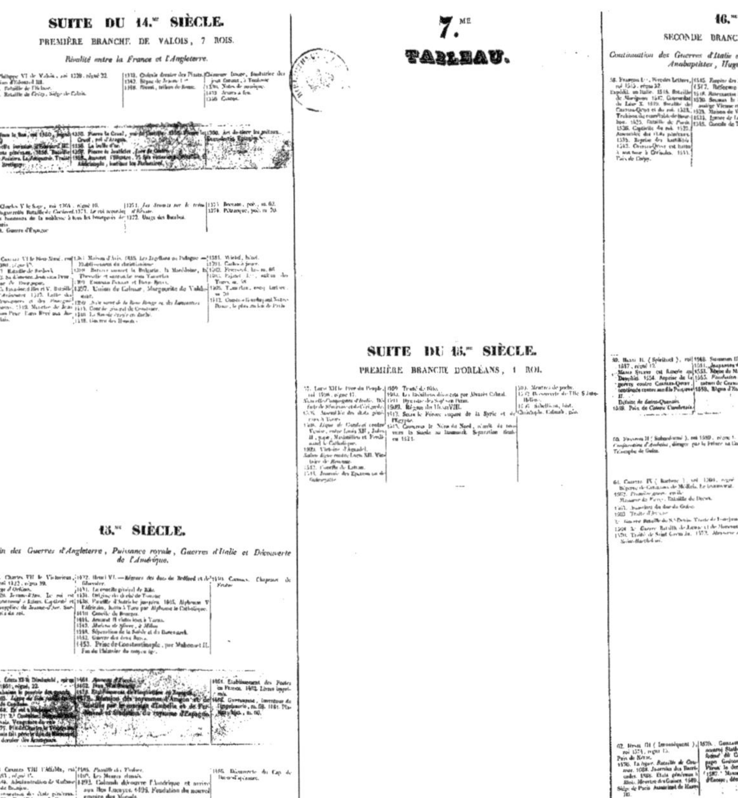

50. Philippe VI de Valois, roi 1328, régné 22.

1346. Bataille de *Crécy*. Siége de Calais.

1350. Art de tirer les pelleurs.

52. Charles V le Sage, roi 1364, régné 16.

1374. Pétrarque, poëte, m. 70.

1357. Union de Calmar, Marguerite de Valdemar.

15.me SIÈCLE.

Fin des Guerres d'Angleterre, Puissance royale, Guerres d'Italie et Découverte de l'Amérique.

53. Charles VII le Victorieux, roi 1422, régné 39.

1453. Prise de Constantinople, par Mahomet II. Fin de l'histoire du moyen âge.

1479. Réunion des royaumes d'Aragon et de Castille par le mariage d'Isabelle et de Ferdinand et fondation du royaume d'Espagne.

55. Charles VIII l'Affable, roi 1483, régné 15.

1492. Colomb découvre l'Amérique et arrive aux îles Lucayes. 1498. Fondation du nouvel empire des Mogols.

1486. Découverte du Cap de Bonne-Espérance.

SUITE DU 15.me SIÈCLE.

PREMIÈRE BRANCHE D'ORLÉANS, 1 ROI.

57. Louis XII le Père du Peuple, roi 1498, régné 17.

1509. Règne de Henri VIII.

16.me SIÈCLE.

SECONDE BRANCHE DE VALOIS, 5 ROIS.

Continuation des Guerres d'Italie et troubles religieux partout : Luther, Calvin, Anabaptistes, Huguenots, Protestants, Puritains.

58. François I.er, Père des Lettres, roi 1515, régné 32.

1517. Réforme de Luther et de Zwingle.

1545. Concile de Trente.

1547. Oranges apportées en Europe.

59. Henri II, roi 1547, régné 12.

1559. Paix de Cateau-Cambrésis.

60. François II, roi 1559.

61. Charles IX, roi 1560.

62. Henri III, roi 1574, régné 15.

8ME TABLEAU.

17ME SIÈCLE.

Il influence toute l'Europe, les beaux arts fleurissent, et les grands hommes abondent.

64. Louis XIII, le Juste, roi 1610, règne 33. Régence de Marie de Médicis, ministère de Concini. États généraux tenus à Paris, ministère de Luynes. 1626. Richelieu, sa politique. Siège de la Rochelle. 1630. Journée des Dupes. Trahison et procès de Montmorency. 1631. Guerre de 30 ans. Conspiration de Cinq-Mars.	1611. Gustave II, Adolphe. 1613. Maison des Romanows. 1617. Mustapha tué par les Janissaires qui déposent 1 leur gré les sultans. 1640. Le duc de Bragance, Jean IV, roi de Portugal.	1613. Télescopes. 1616. Cervantès, poët. m. 69. Shakespeare, m. 52. 1621. Microscope. 1626. Bacon, phil. m. 66. 1628. Malherbe, poët. m. 73. 1630. Kepler, astro. m. 59. Id. Académie française. 1640. Rubens, peint. m. 63. 1642. Galilée, ast. m. 78.

BRANCHE DE BOURBON.

63. Henri IV, Le Grand, roi 1589, règne 21. *Bataille d'Arques, bataille d'Ivry.* Blocus de Paris, fin de la ligue. Succès de Henri IV. 1594. *Ministère de Sully.* 1598. *Édit de Nantes.* 1600. Procès et supplice de Biron. Derniers projets du roi. Il est assassiné.	1603. *Famille Stuart* en Angleterre et Écosse réunies à l'Angleterre, règne par héritage au lieu de souverains. 1610. Entière expulsion des Maures d'Espagne.	1591. Montaigne, ph. m. 59. 1591. Jardin Botanique à Paris. 1593. Amiot, trad. m. 78. 1596. Pierre Charron, précepteur de Henri IV. 1600. Circulation du sang. 1601. Tycho-Brahé, astro. m. 55. Lunettes d'approche et thermomètres. 1603. Élisabeth, m. 71. 1604. Orsat, cardi. m. 68.

65. Louis XIV, Le Grand, roi 1643, règne 72. Régence d'Anne d'Autriche. Bataille de Rocroy gagnée par le duc d'Enghien, depuis le Grand Condé. 1648. Bataille de Lens. 1648. Paix de Westphalie. Ministère de Mazarin. *La Fronde.* Majorité du roi. 1659. Paix des Pyrénées. Mariage du roi. Ministère Colbert. 1667. Guerre des Pays-Bas. 1668. Paix d'Aix-la-Chapelle. Royaume des bourbons, coalition contre la France. 1678. Paix de Nimègue. 1685. *Révocation de l'édit de Nantes.* 1689. Ligue d'Augsbourg. 1697. Paix de Riswick. 1700. Guerre de la succession d'Espagne, défaite de Malplaquet. Victoire de Denain. 1713. Paix d'Utrecht. 1714. Paix de Rastadt.	Mahomet IV prend Candie et assiége Vienne délivrée par le roi Sobieski. 1649. Première révolution d'Angleterre; exécution de Charles Ier. 1653. Protectorat de Cromwel. Maison de Deux-Ponts. Charles X et Charles XII en sont issus. Abdication de Christine. 1660. *Les Stuarts rétablis.* 1672. Décret de l'habeas corpus. 1685. *Persécutions de Jacques II, frère de Charles II.* Deuxième révolution d'Angleterre. Guillaume III sur le trône. Anne Stuart, fille de Jacques II et épouse de George de Danemarck, lui succède. 1697. Ligue du Nord. 2 rois (Pologne). 1709. Achmet III donne asile à Charles XII à Bender. 1714. Famille de Brunswick, règne par héritage et donne quatre rois.	1650. Descartes, ph. m. 54. 1651. Machine pneumatique. Électricité. 1660. Bignon, ph. m. 67. 1662. Pascal, math. 39. 1664. Canal de Languedoc. 1666. Académie des sciences. 1675. Turenne, cap. m. 63. 1684. P. Corneille, poëte, m. 78. 1686. Condé, cap. 65. 1699. Racine, poëte, 60. 1704. Bourdaloue, orat. m. 72. Bossuet, orat. m. 77. 1709. Th. Corneille, poëte, m. 84. 1711. Boileau, poëte, m. 75. 1713. Inoculation. 1714. Malebranche, ph. 77.

18ME SIÈCLE.

Dont la fin présente des convulsions politiques qui agitent toute l'Europe.

66. Louis XV, le bien-aimé, roi 1715, règne 59 ans. Régence du duc d'Orléans. *Système de Law.* *Guerre d'Espagne.* Ministère de Dubois, assistant du roi, ministère de Fleury. 1733. *Guerre de succession de Pologne.* 1738. *Paix de Vienne.* 1740. Mort de l'Empereur Charles VI. Charles VI. *Guerre de la succession d'Autriche.* 1745. *Bataille de Fontenoy.* 1748. Paix d'Aix-la-Chapelle. 1756. *Guerre de 7 ans.* Défaite de Rosbach. Traité de Paris. 1762. Abolition de l'ordre des Jésuites. Suppression des parlemens.	1720 La Savoie et la Sardaigne réunies sous vice-royauté. 1721. Pierre-le-Grand, empereur de toutes les Russies. 1751. Maison de Bavière en Suède par élection. Gustave III. Gustave IV. 1762. Maison de Holstein en Russie: Catherine II. 1764. Poniatowski. 1772. Premier partage de la Pologne.	1716. Leibnitz, math. m. 70. 1718. Charles XII, roi de Suède, mort à 36 ans. 1730. Mme Dacier, litt. m. 69. 1732. Premiers corps de pompiers établis à Paris. 1727. Newton, math. m. 85.

67. Louis XVI (Infortuné), roi 1774, règne 19. 1778. *Guerre d'Amérique.* Assemblée des notables. 1789. *États généraux.* 17 juin. Assemblée nationale ou constituante. Serment du jeu de Paume. Prise de la Bastille. Journée du 4 août. Journées des 5 et 6 octobre. 1790. Travaux de l'assemblée constituante. Fédération. 1791. Fuite et arrestation du roi. Constitution de l'an 1791. Assemblée législative. Journée du 10 août. Massacres de septembre. 68. Louis XVII (victime), mort en 1795.	1775. Guerre de succession de Bavière. 1776. Premier partage de la Pologne entre la Prusse, l'Autriche et la Russie. 1789. Sélim III, le Louis XVI des Turcs.	1773. École de médecine. Condamine, ph. m. 73. Linnée, nat. m. 67. 1778. Enseignement des Sourds-Muets.

République une et indivisible. 21 septembre 1792. Convention nationale. Mesures prises par la Convention. Proscription des Girondins. Tribunal révolutionnaire. Tyrannie de Robespierre. Sa chute. 1795. *Affaire de Quiberon.* 1795. Directoire. 1796. Guerres d'Italie et d'Allemagne. 1797. 18 fructidor an V. 1798. *Expédition d'Égypte.* Constitution de l'an VIII. 1799. Consulat. 2e campagne d'Italie. 1801. Traité d'Amiens. 1802. *Bonaparte consul à vie.*	1792. Stanislas Poniatowski forcé par la Russie de renoncer à la couronne de Pologne. 1793—1795. 2e et 3e partages de la Pologne.	1793. Louis XVI, m. 39. Murat, conv. m. 76. 1794. Danton, conv. m. 34. Desmoulins, conv. m. 33. Robespierre, révol. m. 35. 1800 Kléber, génl. m. 46. Desaix, génl. m. 32. 1803. Laharpe, litt. m. 78.

19ME SIÈCLE.

Gloire française. — Lauriers immortels. — Ordre intérieur, nouveau Code, etc. — Actes de génie en tout genre. — Charte, ère constitutionnelle.

69. Napoléon, Empire, 18 mai 1804. 1805. *Guerre de la 3e coalition. Austerlitz.* Traité de Presbourg. Trafalgar. 1806. 4e coalition. Iéna. Système continental. Friedland. Traité de Tilsit. 1808. *Guerre d'Espagne.* 5e coalition. 1809. Traité de Schœnbrunn. Captivité du pape Pie VII. 1810. Divorce et second mariage de Napoléon. 1812. *Campagne de Russie. Moscou, retraite de l'armée.* 1813. *Campagne d'Allemagne.* Revers en Espagne. 1814. *Abdication de Napoléon.*	1808. Mahmoud détruit les Janissaires et introduit la discipline européenne. 1811. Christophe, roi d'Haïti. Régence d'Angleterre déférée au prince de Galles.	1804. Necker, minis. m. 72. Pichegru, génl. m. 43. Nelson, amiral, m. 1 40 ans. 1806. Mounier, acs. m. 46. 1807. Lalande, ast. m. à 75. 1807. Cottin, litt. m. à 38. 1809. Lannes, mar. m. à 40. 1806. Planche de Vente. Colonne de la place Vendôme. — Planète de Junon. — Lithographie. — Enseignement mutuel. 1807. Bateaux à vapeur. 1813. Delille, poë. m. à 75. Junot, génl. m. à 43. Moreau, génl. m. à 50. Fontanes ..., mar. m. à 53. 1814. Bernardin de St-Pierre, m. à 76.

70. Louis XVIII, le Désiré, roi en 1814. 19 ans. 1814. Traité de Paris. Charte constitutionnelle. Congrès de Vienne, débarquement de Napoléon à Cannes. Chambre des cent jours. 1818. Congrès d'Aix-la-Chapelle. 1820. Assassinat du duc de Berry. Naissance du duc de Bordeaux. 1823. *Guerre d'Espagne.*	1814. Le pape rétablit les jésuites.	1814. Joséphine de la Pagerie, impératrice, m. 51. 1815. Lavoisier, génl. m. 36. Murat, roi de Naples, m. 43. Ney, maréchal, m. 46. 1816. Augereau, maré. m. 50. 1824. Napoléon, emp. m. 52. 1823. Carnot, génl.

71. Charles X, roi 1824, règne 6. 1830. Expédition de Morée. 1830. Expédition d'Alger. Coup d'état. Ordonnances du 25 juillet.	1827. Victoire de Navarin. 1827. Le comte Capo-d'Istria, président de la Grèce. 1828. Don Miguel se déclare roi de Portugal. — Guerre entre les Turcs et les Russes.	1825. Foy, génl. m. 50. St-Simon, chef de sa secte. 1826. Talma, tragé. — Talma, acteur m. 61. — Malte-Brun, géo. m. 51. 1827. Laplace, géo. m. 78.

72. Louis-Philippe. Le roi citoyen. 1830. *Révolution de Juillet. Ministère Guizot.* 1831. 7 juin. Expédition contre le *Portugal*, aux ordres du contre-amiral Roussin. 18 octobre. Suppression de l'hérédité de la pairie. 1832. 5 et 6 juin, insurrection républicaine à Paris. 23 décembre prise d'*Anvers*. 1833. 9 et 14 avril insurrection républicaine à Lyon. 1835. 27 juillet, attentat contre la vie du roi, mach. infer. Arrest. des coupables, leur procès, leur exécution. 1836. 25 juillet. Attentat d'Alibaud.	1830. Révolution de Belgique, 2e grande insurrection polonaise. 1831. Intervention armée des autrichiens, dans la révolution d'Italie. 1836. Révolution d'Espagne.	1831. Martignac, min. 56. 1832. C. Périer, min. 55. Cuvier, nat. m. 63. Lamarque, génl. m. 62. 1833. Jourdan, mar. 71. 1834. Navire aérien de Lennox. Eolienne, voiture à voiles. Pont Louis-Philippe, rue des Saints-Pères. 1835. Mortier, maréch. de Bigny, amiral. 1836. Carrel, pub. m. 36.

8me et dernier Tableau de l'Atlas historique de Jh. CUTXAN.

MÉTHODE NOUVELLE

POUR L'ENSEIGNEMENT

DE L'HISTOIRE

ANCIENNE, DU MOYEN-AGE ET MODERNE

APPROPRIÉE AUX DIVERSES CLASSES D'APRÈS LE PROGRAMME DE L'UNIVERSITÉ,
AVEC APPLICATION A LA GÉOGRAPHIE, A L'HISTOIRE NATURELLE,
ET AUX TROIS CODES, CIVIL, DE PROCÉDURE ET
DE COMMERCE.

LA MÉTHODE SE COMPOSE,

1.° D'un manuel in-8°, prix 3 fr. 50 c.
La douzaine 36 fr.

2.° D'un Atlas Historique, prix en [illegible]
La [illegible] fr.

On souscrit à la 2.me Édition du Manuel.

S'adresser à MM. Pradel et Comp.ie, libraires, rue des Balances, N.° [illegible]
et à M. Froment, Imprimeur, rue St.-Ursule.

AUTORITÉS QUI APRÈS EXPÉRIENCES FAITES ONT DÉLIVRÉ DES TÉMOIGNAGES ÉCRITS EN FAVEUR DE LA MÉTHODE :

Comité supérieur de Condom.
Comité *Id.* de Mirande.
Comité *Id.* de Marmande.
Prefet du Gers.
Inspecteurs des Écoles du département du Gers, des Landes, de la Charente.
Directeur de École normale d'Angoulême.
Professeur d'histoire du collége d'Angoulême.
Principal et Professeur d'histoire du collége de Bois.

Inspecteur de l'académie d'Orléans.
Directeur et Professeurs du collége de Layrac.
Professeur de Rhétorique de Condom.
Dames Ursulines de Montauban.
Directeur (ex proviseur du collége Royal de Toulouse) de la Pension St.-Étienne de la même ville.
Recteur de l'Académie de Toulouse.
Professeurs du collége de Perpignan.
Professeur d'histoire de l'École normale de la même ville.

www.ingramcontent.com/pod-product-compliance
Ingram Content Group UK Ltd.
Pitfield, Milton Keynes, MK11 3LW, UK
UKHW021032260726
13994UKWH00005B/2108